कविता संग्रह

गुलाब कुमावत 'खीमेल'

अंजुमन प्रकाशन

Title : Mere Bol
Author : Gulab Kumawat 'Kheemel'

Published By-
Anjuman Prakashan
942, Mutthiganj, Prayagraj, 211003
www.anjumanpublication.com
anjumanprakashan@gmail.com

Printed and bound in India.
Paperback, First published by Anjuman Prakashan in 2022
ISBN : 978-93-91531-11-9
Copyright © 2022 Gulab Kumawat 'Kheemel'
Printing rights reserved : Anjuman Prakashan 2022
Cover & Typeset by Anjuman Prakashan

Price in india: 200/-

समर्पण

मैं यह काव्य संग्रह मेरे परम श्रद्धेय माता-पिता व मेरी अर्धांगिनी नर्मदा कुमावत को समर्पित करता हूँ जिन्होंने काव्य संग्रह लिखने योग्य बनाया व काव्य लिखने की प्रेरणा दी ।

प्राक्कथन

परम पिता परमेश्वर व माँ सरस्वती की असीम कृपा, माता-पिता के साथ गुरुजनों के आशीर्वाद से मेरा काव्य संग्रह 'मेरे बोल' आपके हाथों में सौंपते हुए मैं परम आनंद का अनुभव महसूस कर रहा हूँ।

प्रिय पाठको ! मैंने इस काव्य संग्रह को मुक्त छंद में सरल व सटीक भाषा में सार गर्भित रूप से लिखने का प्रयास किया है । इस काव्य संग्रह में मैंने जो व्यक्तिगत रूप से महसूस किया है उसको शब्दों में पिरोया है और आम लोगो के भावों का समावेश किया है । आशा करता हूँ की आप सभी को यह काव्य संग्रह पसंद आएगा । इस काव्य संग्रह में किसी प्रकार की त्रुटी रहने पर क्षमा प्रार्थी हूँ ।

"मेरे बोल" काव्य संग्रह की श्रेष्ठता, सरलता व सम्पूर्णता के लिए आपके सुझाव सादर आमंत्रित है।

अनुक्रम

1.	नयना !	9
2.	दरिंदों का अंत होगा !	10
3.	रुकना नहीं..	12
4.	हवा बोली !	13
5.	नर-नारी !	14
6.	अंगुली	16
7.	मुझे सम्मान मिला ?	18
8.	मास्क लगाओ, जान बचाओ	19
9.	मेरी मर्जी !	20
10.	मैं स्कूल हूँ।	22
11.	सीख रहा हूँ।	24
12.	पथिक बोला !	26
13.	मेरा कसूर क्या	28
14.	दिखावटी रिश्ते	30
15.	शिक्षा बोली	32
16.	सृष्टि का सार	33
17.	माँ से बोली बिटिया	34
18.	बदलाव सोच का है।	36
19.	कविता।	37
20.	गलती हूँ	38
21.	वेदना....	40
22.	तड़पते मेरे हिंदुस्तानी	42
23.	सहमी सी आवाज आई !	43
24.	क्यों जलाया ?	44
25.	संगठन हूँ।	46
26.	ताली और थाली	48

27.	परीक्षा रद्द हुई।	50
28.	सत्ता का नशा	51
29.	वो कौन है?	52
30.	लूटतंत्र नया नहीं	54
31.	मैं पत्रकार हूँ	56
32.	समाज	58
33.	प्यास	60
34.	नीम, तुलसी है खजाना	62
35.	वो संभलते गए	64
36.	उम्मीद की डोर	66
37.	घण्टी बजी	67
38.	अब जागो मेरी सरकार	68
39.	माँ..माँ..	70
40.	सच्चा सोचों	72
41.	बढ़ना है,चलना है।	73
42.	गई दीवाली	74
43.	पत्थर	75
44.	हे मानव	76

नयना!

एक नयन ने दूसरी से पूछा क्या करु मैं।

धर्म संकट में हूँ। नयन झुकाऊँ।

तो कायर कहलाऊँ। नयन दिखाऊँ

तो तानाशाही। करूँ तो क्या करूँ।

देखें तो क्या देखू। अब हिंदुस्तान में।

सनातन संस्कृति गई पतन में।

भाई ने भाई माना था वो रिश्ता गया।

अन्न धन के। भंडार भरा था।

वो समय गया। हे नयना!

 मैं सोच रही हूँ। मन ही मन में।

हम क्या थे क्या हो गए।

इंसान ने इंसान को छला

जलन की ज्वाला में जला। .

देख संसार की हालत ।

नयनों से वेदना झलकती है॥

तो आंसुओ की धारा टपकती है।

सब कुछ सुनने के बाद।

अंत मे दूसरी नयना

बोली। सच बताऊँ

तुझको मैं। देखी को

अनदेखी कर।

यहीं परम सुख की

धार हैं।

दरिंदों का अंत होगा!

बिटिया मेरी आन है।

परिवार की शान है।

यह कहते हम नहीं थकते है।

तो फिर यह दरिंदे ॥

इन्सान की आड़ में .

क्यों पलते है।

घर से ठानी तक।

गाँव से शहर तक।

गलियों के हर कोने में ।

जात, पात ।

धर्म, सम्प्रदाय से ।

ऊपर उठकर।

हर एक को भाई बनना होगा ।

मन और वचन से ।

पविल बनना होगा।

संग भाइयों को ।

बहनों की रक्षा का ।

वचन देना होगा।

कथनी और करनी का

भेद छोड़ना होगा ।

रक्षा का धर्म

निभाना होगा।

फिर देखो ।

याचना नहीं ।
रण होगा ।
इन दरिंदों का ।
अंत होगा ।
फिर न निर्भया होगा .
न हाथरस होगा ।
हर घर से ।
फिर तो हुमायूँ होगा ।
तब
इन । दरिंदों का
अंत होगा ।
गुलाब कुमावत
सांचौर,

रुकना नहीं...

इंसान को..
न रुकना है।
न झुकना है।
बस चलना है।
अविरल बढ़ना है।
सच के साथ।
देश के साथ।
अगर झुकना है।
अगर रुकना है।
तो रुको और झुको ।
देश के खातिर ।
सच की जीत की खातिर ।
अगर लड़ना है ।
तो लड़ो, झूठ से।
अन्याय और अत्याचार से ।
अधर्म और पाप से।
खोखली व्यवस्था और भ्रष्टाचार से।
हे इंसान !
मत रुको
मत झुको।
गुलाब कुमावत सांचौर, राजस्थान,

हवा बोली!

हवा चल रही थी
की अचानक रुकी
स्वर सुना कि
हवा बदल गई है।
रह नहीं गया मेरे से
पूछा मैंने मनवा से
मैं कब बदली
बदला तो इंसान है।
आचारों-विचारों से।
अपने संस्कारों से।
चापलूसी व लाचारी से
मुझे तो रुख देख कर
मजबूरन बदलना पड़ा।
रुख में बदलना ही सुख है।
जो बदला उसको कहो
परिणाम सुखद होंगे
जड़ को पकड़ना होगा
तने को छोड़ना होगा।
हवा वोली ..
मैं बदली नहीं।
मुझे रुख से बदलना पड़ा।

नर-नारी!

नारी बोली नर से
सुन लो मेरी बात।
जुल्म मैंने बहुत सहे
अव होंगी सीधी बात।
तिरस्कार और धिक्कार
से मैं थी लाचार ।
अव अवला नहीं ।
सबला हूँ मैं।
अब होगा वार
न डरूँगी, न झुकूँगी।
न कुछ सहूँगी, न कुछ कहूँगी।
अब तो सीधा होगा सवाल
देना पड़ेगा जवाब।
तब नर बोला नारी से।
जो नर नारी का ।
करता है अपमान।
वो नहीं है इंसान।
छोड़ो कल की बात।
शिक्षा और संस्कारों से ।
आपकी राह हुई आसान।
न लड़ना है न झगड़ना है।
एक ही गाड़ी के दो पहिये
मिलजुल कर चलना है।

नारी घर का सम्मान है।
यही परिवार का मान है।
आओ मिलजुल कर
अलख जगाए।
नारी का सम्मान जगाएँ।

अंगुली

अंगुली है शरीर का भाग
पर है बड़ी अवतारी ।
अंगुली उठती है ।
तो तय है ।
होगा सृजन ।
या बिनाश ।
कहा भी जाता ।
है कि अंगुली जब उठती है ।
तब हिला देती है ।
सबकी दुनिया ।
तो कभी कभी ।
बसा भी देती है दुनिया ।
तभी तो कहते ।
है कि अंगुली ।
गुण और दोष ।
दोनों में अवतारी ।
अंगुली उठती है ।
तब पड़ती है भारी ।
पर यह भी ।
सोचना होगा की ।
एक अंगुली उठती है ।
तो, शेष किधर जाती है !
इस रहस्य को ।

समझ जाए मानव।
तो अंगुली।
उठने और उठाने पर
स्वतः ही।
लग जाएगा विराम।

मुझे सम्मान मिला?

देखो मुझे सम्मान मिला

शील्ड व प्रमाण पत्र मिला

प्रश्न आपके मन में भी होगा

क्यों और किसलिए मिला

सच बताऊँ तो

पहचान थी इसलिए मिला

काम नहीं किया

फिर भी मिला

सिर्फ नाम दिया।

जिससे मिला।

मन में खुशी हुई

पर आत्मा बहुत रोइ।

राई वेदना हुई,दर्द हुआ

पीड़ा हुई अपार,

फिर सोचा कि

जरा तहकीकात तो करें

आवरण हटा कर देखा तो

सम्मान का भी था व्यापार ।

आत्मा से आवाज आई

देखो ! सम्मान का

खुद होता है

अपमान,

देखो मेरे हिंदुस्तान।

आज कितना लाचार है सम्मान ।

मास्क लगाओ, जान बचाओ

कोरोना वैश्विक महामारी में।
अपना धर्म और कर्म
सत्य और निष्ठा से निभाऊँगा।
मास्क लगाऊँगा।
कोरोना भगाऊँगा।
सबको बचाऊँगा।
लोगों को जगाऊँगा।
घर -घर, ढ़ानी -ढ़ानी
गाँव-गाँव, शहर-शहर
यह संदेश पहुँचाऊँगा।
मास्क तो लगाओ भाई।
जिसने अपनों को खोया।
उसको पूछो भाई।
जो कोरोना के दर्द से
गुजरा है उनको पूछो भाई।
हाथ जोड़ते है आपसे
मास्क लगाओ और लगवाओ
अपनी और अपनों की
जान बचाओ, कोरोना भगाओ
मास्क लगाओ भाई।
संक्रमित है बीमारी।
नही रखती कोई लाचारी।
अपने और अपनों के लिए।
जान बचाओ, कोरोना भगाओ

मेरी मर्जी !

मास्क लगाऊँ
या नहीं लगाऊँ
मेरी मर्जी
किसने लगाया।
देखो पहले
उसने लगाया
इसने लगाया
वो जा रहे हैं
बिना मास्क के।
किसने लगाया
जो मुझे कह रहे हो।
मैंने समझाया
कोरोना हैं
इसको भी हो सकता हैं।
उसको भी हो सकता हैं।
किसी को भी हो सकता हैं।
मास्क लगाओ
समझदारी दिखाओ
जागरूकता लाओ।
लोगों को
कोरोना से बचाओ
साथ ही कोरोना
भगाओ।

थोड़ी मानवता
भी अपनाओ
इसका
उसका
करके
जिम्मेदारी से
मत भागों
आई यह कोरोना है।
समझा करो !

मैं स्कूल हूँ।

मैं स्कूल हूँ।
वीरान और शांत हूँ।
मेरे हरे-भरे परिसर में।
न चहल है, न पहल है।
न टन-टन की आवाज ।
शिक्षक आते है।
पर शांत है। ..
सच कहूँ तो।
मन अशांत है।
हकीकत से रू-ब-रू।
तो थे ही पर !
कोरोना में पता लगा।
शिक्षक और शिक्षार्थी ।
एक दूसरे के पूरक है।
मछली और जल जैसा।
पवित्र संगम है।
विद्यार्थी के बिना।
शिक्षक अधूरा है।
शिक्षक के बिना।
विद्यार्थी अधूरा।
स्कूल पूछ रही है।
अपने मन से।
कब मिलेगा

नयन सुख।
उछलते-कूदते ।
वाल गोपालों का।
हकीकत यह भी की
जीवन भी बचाना
शिक्षा भी देनी।
आगे कुआँ।
पीछे खाई।
बात मेरे।
मन तक आई।
मेरी आँखे भर आई!
सोच रहे है ।
कोरोना ने क्या किया?
आगे भी क्या करेगा।
नहीं पता, नहीं पता।

सीख रहा हूँ।

मैं लिख रहा हूँ।
सीख रहा हूँ।
इसी कारण से
संघर्ष और चक्रव्यूह के ।
सामने टिक रहा हूँ।
कभी गिरा।
कभी झुका।
फिर सीखा
फिर लिखा। _
चक्रव्यूह और।
चालों से निकला।
किसी ने पूछा।
कैसे सहते हो।
इन वारों को।
मैंने शालीनता से कहा।
वार का पलटवार
नहीं करता हूँ।
सच कहूँ तो
अब इस दुनिया में
मैं नीलकंठ बनना
सीख रहा हूँ।
गुलाब जन से
कह रहा है।

मैं लिख रहा हूँ
मैं सीख रहा हूँ।
क्योंकि यह प्रक्रिया है
जीवन की।
अविरल और अनन्त ।
को बनाए रखने को भी सीख रहा हूँ।

पथिक बोला!

पथिक बोला.
मैं काफी अकेला हूँ।
लेकिन अकेला ही काफी हूँ।
क्योंकि सत्य की राह पर ।
जब चलते है ।
अक्सर अकेले ही लड़ते हैं।
जीत या हार की चिंता को ।
लिए बिना पथिक ।
चल पड़ा पथ पर ।
अकेला हूँ ॥
पर अकेला ही काफी हूँ।
दिखावा सब करते है ।
साथ रहने का ।
पर मन से होते नहीं ।
भेदने चक्रव्यूह भी ।
न अभिमन्यु
अकेला ही ।
चला था।
चक्रव्यूह भेदने की ।
अज्ञानता के बावजूद भी ।
आत्मविश्वास की ।
शक्ति से तोड़ने की थी ।
गहन अभिलापा ।
ऐसी अभिलापा से ही
पथिक अभिमन्यु की तरह।
आत्मविश्वास की शक्ति से

अकेला चल पड़ा।
पथिक कह रहा है।
मैं अकेला हूँ।
पर अकेला ही काफी हूँ।

गुलाब कुमावत 'खीमेल'

मेरा कसूर क्या

चिल-चिलाती धूप में
तपती दोपहरी में ।
जेठ महीने की
आग उगलती धरती ।
जब धरती पुत्र
हल जोतता है ।
तो अरमान यही होता है ।
धरा सोना उगलेगी ।
मेरी तप और तपस्या ।
गुल खिलाएगी ।
पर प्रकृति को ।
कुछ और ही मंजूर
फसल जैसे ही ।
पकने को थी तैयार
तभी घन-घन गरजे ।
झम-झम बरसे चदरा
वैसे ही टूटा सपना ।
हताश और निराश से
इंद्र को मैंने पूछा ।
मेरा क्या है कसूर
क्यूँ बनता है । ..
इतना निर्दयी और निष्ठुर ।
तब हल्की सी आवाज आई
छोड़ हताशा और निराशा
उठ,चल अपने पथ पर
नियती को जो मंजूर है ।

वो होकर रहता है ।
मैंने नियती से पूछा
आखिर मेरा कसूर क्या ?
कोई यह तो मुझे बताए ।

दिखावटी रिश्ते

मैंने कोशिश की
रिश्तों को सँभालने की ।
पर सँभाल नहीं पाया ।
कारण भी आइने ।
की तरह साफ था ।
दौलत की दीवार का ।
दिखावे के अपनापन का ।
मुझे नहीं पता था ।
मानव भी मानव से ।
जलता हैं ।
अपने अहम और
वहम में पलता है ।
यहीं मुझे भी ।
पसंद नहीं आया
छोड़ दिए ।
बनावटी रिश्ते ।
तोड़ दिए ।
दिखावटी रिश्ते ।
मैंने नयनो से देखा ।
गिरती मानवता को ।
बिखरते रिश्ते को ।
अकेला हूँ,शांत हूँ ।
वक्त ने सीखा दिया
मुझे बहुत कुछ ।
अब मन से सचेत हूँ ।
सच को स्वीकारा । .

दिखावे के।
अपने पन को नकारा।
मैंने कोशिश की।
रिश्तों को सँभाल।
पर सँभाल नहीं पाया।

शिक्षा बोली

शिक्षा बोली।
ठहर गई हूँ।
सहम गई हूँ।
थम गई हूँ।
कोरोना के कहर से
कोई तो समझे।
मेरे दर्द को।
मेरे डरने से।
मेरे थमने से।
मेरे सहम जाने से।
कितने युवाओं के।
भविष्य की ।
उड़ान रुकी।
कितने माता-पिता के
सपनें टूटें।
सोचों,समझो।
मुझे पहले जैसे
ही आजाद करो।
मत बाँधों।
मुझे घर की।
चार दिवारी में
मोबाईल की
मैमोरी में।
मैं शिक्षा हूँ।
आजाद थी।
आजाद हूँ।

सृष्टि का सार

हे मानुष !
मत टूट।
शब्दों के वार से।
अपनो के
प्रहार से।
जब जिंदगी ही
परीक्षा तो
हर दिन गुजर
उस दौर से।
शब्दों का वार ।
अपनों का प्रहार तो।
सृष्टि का सार है।
इसे सहना होगा।
इसी में जीना होगा।
यहीं सच्चाई है।
यहीं अच्छाई है।

माँ से बोली बिटिया

बिटिया बोली माँ से
मैं बाहर नहीं
जा पाऊँगी माँ।
पढ़ लिख नहीं
पाऊँगी माँ।
हर वक्त और पल-पल ।
डर मुझे
सता रहा है माँ।
क्या दरिंदों से
बच पाऊँगी माँ।
माँ ने तल्ख से
जवाब दिया।
लिख भी
पाएँगी बिटिया।
पढ़ भी
पाएँगी बिटिया ।
आगे बढ़ भी
पाएँगी बिटिया।
बिटिया को सिर्फ
एक काम
करना होगा ।
मन में विश्वास
रखना होगा।
झाँसी की रानी
बनना होगा।
संस्कारों को

पढ़ना होगा।
माँ की डाँट को
सुनना होगा।
पिता का विश्वास
जीतना होगा।
बिटिया को बिटिया बनकर
रहना होगा।
साहसी और निडर
बनना होगा।

बदलाव सोच का है।

सोचता पहले भी था।
सोचता आज भी है।
अच्छा पहले भी था।
अच्छा आज भी हूँ।
फर्क इतना सा...
पहले-दूसरों के लिए ..
सोचता था।
आज अपने लिए।
जब दूसरो का सोचा
तब आप अच्छे थे।
आज अपना सोच रहे हैं
तब बुरे है।
बदलाव पहले और अब में
यहीं आया है।
अगर कोई बदली है
तो वो सोच.....
गुलाबराम कुमावत

कविता।

कविता।
कवि की आत्मा।
कविता।
भावों का सार।
कविता।
शब्दों का संसार।
कविता।
प्रकृति का प्यारा
कविता।
दुनिया का यथार्थ
कविता।
बहुत कुछ।
कविता।
सब कुछ।
कविता.........

गलती हूँ

मैं गलती हूँ।
जानती भी हूँ।
समझती भी हैं।
पर मानती नहीं हूँ।
स्वीकारना तो
मेरा स्वभाव नहीं।
तभी तो मेरा वजूद है।
जिस दिन मैंने माना।
मेरा वजूद भूत बन जाएगा।
भूत में चाहती नहीं
भविष्य की चिंता नहीं
मुझें वर्तमान प्यारा ।
अंधी दुनिया
भविष्य में जीती नहीं
भूत को भूल जाती हैं
पर वर्तमान से
प्यार करती हैं।
यहीं तो मेरा आधार है।
लोग कहते गलती मानों।
मैं कहती हूँ।
मानने की बजाय
अवसर को भुनाओ।
तभी वजूद भी रहेगा।
सम्मान भी रहेगा।
जिसने गलती मानी
वो गलत समझा गया।

जिसने लुटि मानी
उसको अपूर्ण समझा गया।
मैं गलती हूँ
पर मानती नहीं हूँ।

वेदना....

किसको मेरा दर्द सुनाऊँ
किसको मेरी बात बताऊँ।
मन की बात होती तो है।
पर मन की बात
सुनते नहीं।
कहने को आजाद है हम ।
गुलामी की छाया ।
अभी भी है।
न नकार सकते
न इन्कार कर सकते।
अंग्रेजों से आजाद हुए तो
नेताओं के गुलाम बने।
जिसकों शिक्षा का
अर्थ पता नहीं
वो शिक्षा मन्त्री।
जिसकों दवाई का नाम पता नहीं।
वो चिकित्सा मंत्री।
पुलिस की कंधों पर
के तारे क्यों है।
नही पता वो हमारे गृहमंत्री ।
लोकतंत्र के दंगल में
कूदे तब छोटी कुटिया
जीते तब बंगला।
कहाँ से आया।
कैसे आया।
कौन पूछे, क्यों पूछे।

पूछो तो लोकतंत्र खतरे में।
बदले की भावना।
शब्दों का जाल ऐसा की
अफसर हताश और निराश ॥
छोड़ देते हैं जाँच।
फिर नहीं आतीं कोई आँच।
यहीं मेरी पीड़ा
यहीं है मेरा दर्द।
किसे सुनाऊँ किसे बताऊँ।

तड़पते मेरे हिंदुस्तानी

हम लड़ते रहें।
वो मरते रहें।
नजर उठा कर
देखा तो लोग
तपड़ते भी रहें।
उसमें मेरे हिंदुस्तानी थे।
बस नहीं थे तो
सत्ता में बैठे
आकाओं के
कोई अपने।
अगर होते
तो मरने को
नहीं छोड़ते
तड़पने को
नहीं छोड़ते।
सत्ता में बैठे
आकाओ की
मर गई
मानवीय संवेदना
दे दी तिलांजलि
मानवता को
वाह...रे मानव वाह।
चिकित्सा और शिक्षा से
सरकारें बनी थी
पर आपने तो श्मशान
की राह दिखा दी
यह न मैंने सोचा था न आपने।

सहमी सी आवाज आई!

मैं घर से निकला
ही था की ।
पीछे से आवाज आई ।
रुको !
मैं रुक गया ।
ठहरो !
मैं ठहर गया ।
सहमी सी ।
मंथर आवाज आई ।
क्या हम बच पाएँगे ?
क्या हम जी पाएँगे ?
क्या हम चल पाएँगे ?
क्या हम दौड़ पाएँगे ?
सहमी हुई दुनिया में ।
महामारी के इस दौर में ।
इतने अनसुलझे सवाल ।
मन से आई एक आवाज ।
सबका है एक ही जवाब ।
बस इस दौर में ।
मन टूट न जाये ।
तन टूट न जाये ।
धीरज और विश्वास । के पथ से । हम बच भी पाएँगे ।
हम जी भी पाएँगे ।
हम चल भी पाएँगे ।
हम दौड़ भी पाएँगे ।

क्यों जलाया?

साधू की आत्मा बोली
मुझें क्यों जलाया ?
मैं सीधा-साधा था
मीठा और मधुर था।
धार्मिक और
आध्यात्मिक था।
फिर मुझें
क्यों जलाया ?
है जवाब
किसी के पास ।
नहीं होगा ।
क्योंकि में
पुजारी था।
ना वोट है मेरे पास
ना राजनीतिक वजूद।
मेरा यहीं कसूर
की मैंने सनातन धर्म।
व संस्कृति की रक्षा की
इसमें अगर
पूजा भी पाप है।
तो फिर सनातन ।
धर्म का नाश है।
मुझे जिंदा जलाया
दर्द तो क्या ?
आह तक नहीं निकली।
अब इस देश में

साधु के वेश में
रहना क्या पाप है ?
अगर नहीं तो
फिर मुझे।
जिंदा क्यों जलाया ?
दो जवाब मेरी
आत्मा सुनने को
आतुर है !

संगठन हूँ।

संगठन हूँ
मैं संगठन हूँ।
पर विडंबना देखो
संगठित नहीं हूँ।
सिखता हूँ, चिल्लाता
हूँ
पर मेरी सुनता कौन
है।
सबकी अपनी-अपनी
ढपली।
अपना-अपना
राग
वो कह रहा है मेरा
है।
यह कह रहा है मेरा।
मैं तो कहता हूँ।
जो संगठित है।
मैं उनका हूँ
तेरे-मेरे के फेर में
मैं खुद विघटित हूँ।
लोग मुझ पर
हँस भी रहे हैं।
तरस भी खा रहे हैं।
मैं संगठन होकर भी
संगठित नहीं हूँ।
आखिर क्यूँ।
कोई तो सोचे।
मेरी वेदना समझो

मैं दुःखी हूँ।
व्यथित हूँ।
पीड़ित हूँ।
परेशान हूँ।
संगठन हूँ, पर
संगठित
नहीं हूँ।

ताली और थाली

दीया जलाया ॥
थाली बजाई।
जिसने थाली नहीं
उसने ताली बजाई।
फूलों की बौछारें की।
पर जो करना था।
वो नहीं किया।
दो गज की दूरी
मास्क जरूरी
यह हमने
नहीं अपनाया।
फिर, फिर
क्या हुआ।
हमने दी
दिलाई तो
कोरोना ने
कर दी चढ़ाई ।
हम पीछे तो
कोरोना आगे।
वही मंजर।
वहीं घबराहट।
वही भय वहीं डर।
आपको भी
मुझें भी कोई अपना ।
खो न जाए
शहर, शहर।

गाँव , गाँव
यहीं दो सन्देश।
मास्क लगाओ
दूरी बनाओ।
कोरोना से अपने
व अपनों को बचाओ।

परीक्षा रद्द हुई।

परीक्षा रद्द हुई
खबर सुनी
सोचने लगा कि
खुशियाँ मनाऊँ
या अफसोस जताऊँ।
दुर्भाग्य मानूँ
या शोभाग्य शाली
बिना परीक्षा के
उन्नति का प्रमाण-पत्र
मतलब
बिना नींव का भवन।
परिणाम क्या होता है।
शिक्षक और शिक्षार्थी
ही जानता है।
क्योंकि
शिक्षक को
निर्माण करना था
शिक्षार्थी को
हुनर बताना था।
अफसोस दब
गए दोनों के ख्वाब।
नेताओं की
नेतागिरी में।
अफसरों की
अफसरशाही में।
जीवन में परीक्षा।
का क्या महत्व है।
यह शिक्षक
और शिक्षार्थी
ही जानता है॥

सत्ता का नशा

मेरी सरकार।
मेरे मंत्री
फिर भी
कहते है।
क्यों आये है।
मेरे द्वार ।
वाह रे !
मेरी सरकार
सत्ता का नशा।
तो कोई
मंत्री से सीखे।
भाषा मे
इतना दंभ।
जो शिक्षक का।
करें अपमान वो कैसे।
सम्मान का हकदार।
मंत्री की भाषा
में नही झलकता ।
जय-जय राजस्थान ।
मैं पीड़ित हूँ
दुःखी हूँ।
मेरे शिक्षक का अपमान।
कैसे सहूँ मेरी सरकार।
मेरे मंत्री मेरी सरकार।
फिर भी कहते है।
क्यों आये मेरे द्वार ?

वो कौन है?

लाल किले की
प्राचीर से
शहीदों को
शर्मसार किया।
तिरंगे का
अपमान किया।
जवानों पर।
वार किया।
गणतंत्र दिवस में
दिल्ली के आँगन में
हिंसा का तांडव किया।
आखिर वो कौन है?
निर्दयी और क्रूर।
जिसने मेरे भारत को
शर्मसार किया।
दुर्भाग्य इस देश का
एक तरफ जवान तो
दूसरी तरफ किसान।
इसे देखकर
सच्चे भारतीय की।
आत्मा भी रोई
मन भी रोया।
है मुझे अटूट विश्वास
वो मेरे अन्नदाता
नहीं हो सकते ।
अन्नदाताओं की आड़

में कोई गद्दार ही
होगा कायर ही होगा।
हर हिंदुस्तानी के मन में
एक ही प्रश्न
आखिर वो कौन है ?

लूटतंत्र नया नहीं

लोकतंत्र वाले
देश में ।
लूटतंत्र का
खेल ।
यह नया नहीं तो
पुराना भी नहीं है ।
चल रहा है ।
चलता रहेगा ।
आकाओं का घर
भरता रहेगा ।
देखो, देखो ।
सो करोड़ का धन ।
प्रसन्न हुआ
मेरा मन ।
मैं घर बैठा रहूँगा ।
सबकों कहता
रहूँगा ।
सो करोड़ का धन ।
पहुँचाओ मेरे घर ।
लोकतंत्र वाले
देश मे ।
लूटतंत्र खेल ।
चलता है ।
चलता रहेगा ।
राजनीति मेरी ।
ढाल बनेगी ।

अनीति मेरी
चाल बनेगी।
बच भी जाऊँगा।
जीत भी जाऊँगा।
यह मेरा हिंदुस्तान है।
यह मेरा हिंदुस्तान है।

मैं पत्रकार हूँ

मैं पत्रकार हूँ।
यह तो ठीक है।
पर मैं ही पत्रकार
यह गलत है।
अहम और वहम।
पतन का पथ है।
इस कटु सत्य को
खुद भले ठुकराए
पर है शाश्वत सत्य।
मैं का अंत ।
पहले भी हुआ है।
और अब भी होगा।
समझ जाओ।
सँभल जाओ।
और सुधर जाओ।
पत्रकारिता की
आत्मा के लिए। .
सच्चा लिखें।
अच्छा बोले।
शब्द की वाणी
कलम के शब्द।
निष्पक्ष और असरदार हो।
सच के आवरण में हो।
मर्यादा और अनुशासन
सफलता की कुंजी है।
मैं पत्रकार हूँ।

इसको बनाये रखें।
मैं ही पत्रकार हूँ। ..
इससे दूर रहें।

समाज

समाज रत्न शब्द
उदास था।
कारण क्या है।
तभी उदासी के
आलम में
समाज रत्न बोला
किसको कहूँ।
फिर भी आपने पूछा
तो बता ही देता हूँ।
देखों मेरा रूप बदला
साथ ही स्वरूप बदला
त्याग, सेवा, समर्पण
की जगह तो
पद और कद ने ले ली
यही मेरा दर्द है।
यही वेदना है।
मैंने देखा।
असली का पता नहीं।
नकली की भरमार हैं।
छद्म समाज रत्नों
से मुझे बचना है।
पर क्या करूँ।
स्वार्थ की छाया में
मुझे किसी को भी।
थोप दिया जाता है।
रोना मुझे उस वक्त आता

जब कोई !
अपनों का नहीं
समाज का क्या होगा।
फिर भी समाज रा
क्यों की पद और कद है।
है ना अनोखी बात।
समाज रा शब्द बोला।
बख्स दो, रहम करो।

प्यास

जून महीने की ॥
तपती दुपहरी ।
आग उगलती धरती
वीरान सड़के ।
न छाया, न पानी
निकल पड़ी अबोध ।
नानी के संग नाती
यही अरमान
प्यास लगेगी ।
तो मिल ही जायेगा पानी ।
अबोध को क्या पता ।
मेट्रो के सपने वाले ।
हिंदुस्तान की मरुधरा में
तीन किलोमीटर की ।
परिधि में नसीब
नहीं होगा पानी ।
बिन पानी मेरा ।
संसार छूट जाएगा ।
ऐसा हुआ भी ।
अबोध के लिए न
उफ निकली ।
न आह निकली ।
बस निकले तो ।
यह शब्द की ।
उस सुनसान रास्ते से ।
क्यों निकली ।

सलाह और उपदेश की भरमार।
मिला मर्म की जगह दर्द।
आओ हम प्रण ले।
की कोई अंजली
प्यास से प्राण न गवाएँ।

नीम, तुलसी है खजाना

ठंडी हवा
गहरी छाया।
बिना कुछ लिए।
बहुत कुछ दिया।
यहीं प्रकृति की माया ।
यह हमें समझ
नही आया।
हमने गायों के गोसर
को नहीं छोड़ा।
जिसने हमें दी ।
प्राणवायु और छाया
उसको ही।
हमने कटवाया।
जब किसी ने कहा।
पेड़ लगाओ।
जीवन बचाओ।
 हमने उसका ।
मजाक उड़ाया।
आज वक्त का फैसला ।
वहीं प्रकृति हमें।
पल पल की साँस ।
के लिए तरसा रही है।
तुलसी, नीम है खजाना।
पर हमनें कब माना।
अब जागों, उठो,
और चेतो।

एक घर,एक पेड़।
प्रकृति से लो भी।
प्रकृति को दो भी।
यहीं संतुलन जीवन की डोर है।

गुलाब कुमावत 'खीमेल'

वो सँभलते गए

सोचते हुए ।
मैंने सोचा की
समय के साथ ।
रिश्ते पुराने होते गए ।
जिनको हमने ।
अपना समझा ।
वो पराए होते गए ।
परायापन जताने का ।
कारण भी साफ था ।
वो सँभालते गए ।
संवरते गए ।
हम बिखरते गए ।
टूटते गए ।
बिखरे हुए को ।
सँभालना ।'
कोई नहीं चाहता ।
सँभले हुए को ।
सँभालना ।
हर कोई चाहता है ।
वक्त के थपेड़ों ने ।
सीखा दिया ।
जिसको कोई ।
नहीं सँभालता ।
समय पर वो ।
खुद सँभला हुआ
रिश्तों को भी.

सँभालता है
और अपनों को
भी।
रात छोटी है
पर अड़ी है।

उम्मीद की डोर

हे मानव।
सुन मेरे।
मन की बात।
मत कहो।
अपनो से ।
अपना दर्द।
मिलेगा मरहम
की जगह
गहरा घाव।
मत जोड़ों।
अपनो से
अपनी उम्मीद
की डोर।
अपनों के स्वार्थ से।
समय के साथ।
डोर भी टूटेगी
और उम्मीद भी।
अगर जोड़नी है।
कोई उम्मीद
की डोर तो
अपने मन ।
से जोड़ो।
श्रम से जोड़ी।
इससे फल।
भी मिलेगा।
तन भी खिलेगा।

घण्टी बजी

टन-टन
टन-टन ।
घंटी बजी ।
स्कूल चहके ।
बच्चें महके ।
शिक्षक को ।
सुकून मिला ।
सू बच्चों को ।
वजूद मिला ।
कोरोना का ।
काल मिटा ।
बिसरी बाते
भूल कर ।
बच्चों में ।
नया जोश
आया ।
दंतरित मुस्कान
लिए हुए
बाल गोपाल बोले ।
आओ ।
स्कूल चले ।
पढ़े-लिखे
और महान बने ।
गुलाब कुमावत "

अब जागो मेरी सरकार

मेरे जवान मरते गए।
हम सहते गए।
हम कहते गए।
बदला लेंगे।
चदला लेंगे।
वहीं ढ़पली वही राग ।
सांत्वना और श्रद्धांजलि।
बदला लेना नहीं है।
बदला लेने का
दृढ़ संकल्प लो।
छप्पन इंच का सीना।
फिर क्यों ?
कायर की तरह जीना।
दुश्मनों पर करो वार ।
यहीं है मेरी पुकार ।
पुलवामा हुआ।
जवान मरे।
नक्सली हमला हुआ।
जवान मरे।
चीन से विवाद हुआ।
जवान मरे।
किसी का भाई मरा ।
तो किसी का बेटा।
किसी का पति मरा
तो किसी का पिता।
सांत्वना व श्रद्धांजलि से

दावाग्नि न शांत होगी।
न शीतल।
अब जागी।
सरकार जागो।
नहीं तो ।
फिर वो ही।
दर्द भरी दास्ताँ।
मेरे जवान मरते गए।
हम सहते गए।
हम कहते गए।
बदला लेंगे बदला लेंगे।

माँ..माँ..

मेरी माँ..
सबसे प्यारी
सबसे निराली।
कष्टों को
सहने वाली।
मुझे दुलारने वाली
मुझे सहलाने वाली
मेरी प्यारी माँ।
माँ के चरणों मे
है स्वर्ग सा संसार।
खुद भूखी रहकर
बच्चों का पेट
भरने वाली है
माँ, माँ।
गीले में सोती माँ
सूखे में सुलाती माँ।
माँ मेरी प्यारी माँ।
शांति और शीतलता
की छवि है मेरी माँ।
मुश्किल घड़ी में
मजबूत इरादे देती है माँ।
माँ को नमन
माँ को वंदन। ___
मेरी माँ है
मेरा दर्पण।
मैं रोज देखता हूँ।

रोज सिखता हूँ। ।
उस दर्पण से।
मेरी माँ को सब कुछ है अर्पण ।

सच्चा सोचों

मन से सोचों।
तन से सोचों।
अच्छा सोचों।
सच्चा सोचों ।
होना या नहीं होना ।
परिश्रम पर छोड़ो।
अगर बहाया है ___
पसीना तो।
परिणाम भी ।
होगा सच्चा।
कुदरत के।
इस खेल में ।
कच्चा खिलाड़ी।
टिक नहीं पाएगा ।
अच्छा खिलाड़ी
हार नहीं पाएगा।
अच्छा खिलाड़ी।
बनना होगा।
हार जीत की।
किंचित चिंता ।
किए बिना।
आगे बढ़ना होगा।
इरादे मजबूत ।
रख बंदे ।
हार वैसे ही ।
हार जाएगी।
जीत वैसे
ही जीत जाएगी।

बढ़ना है,चलना है।

रुके जरूर है ।
पर टूटे नहीं ।
टहरे जरूर है ।
पर झुके नहीं ।
बहुत चले
वार पीठ पीछे ।
बहुत चली ।
चाल पीछे ।
पर फिर भी
बढ़े भी ।
बढ़ेंगे भी ।
चले भी ।
चलेंगे भी ।
बस इंतजार ।
अपनों का नहीं ।
वक्त का है ।
अपनों को ।
देख भी लिया ।
परख भी लिया ।
उपहास के सिवा
मिला नहीं कुछ ।
वक्त से रखों ।
मजबूत रिश्ता ।
साथ भी देगा ।
सहयोग भी ।
मत हार मानुष ।
हिम्मत अपनी ।
संघर्ष भी जीतेगा ।
और सच भी ।

गुलाब कुमावत 'खीमेल'

गई दीवाली

आई दीवाली।
गई दीवाली।
मन की मन में।
रह गई बात।
बात भी कोई
हल्की फुल्की नहीं।
थी वो खास।
मुझे पूछना था।
एक सवाल ?
दीवाली से।
पूछ नहीं पाया।
हे! दीवाली।
तू आती है।
जाती है।
पर कितनों को।
रोशनी दे जाती है।
दीये जलते है।
पर कितनों का
उजाला हो पाता है।
कितनों के ।
दीयो के साथ।
पाप की लो जलाती है।
यह पूछना था।
पर पूछ नहीं पाया।
आई दीवाली।
गई दीवाली।
मन की मन में रह गई।

मेरे बोल

पत्थर

नफरत व हिंसा के
रण में ....
मुझे क्या मिला ?
मैंने खूब सोचा ....
खूब खोजा ....
गहराई से समझा .
तब सार निकला ....
पत्थर .... पत्थर ..... पत्थर .....
दर्द हुआ क्योंकि.......
इसके शिकार और शिकारी
दोनों इंसान थे ....
बस अंतर संस्कारों का था........
बस अंतर शिक्षा का था ....
फैंका जिसने पत्थर ....
वो सकून से सोया ......
झेला जिसने पत्थर ....
वो खूब रोया ....
कहने को हम कहते हैं ......
गंगा जमुना तहजीब है.......
पर हैं हम उससे कोसों दूर
जलती आग, आते पत्थर
कहते हैं कुछ अलग बात .....
नफरत और हिंसा
के रण में ....

हे मानव!

हे मानव।
किस बात का घमंड।
माया या काया का।
तपते सूरज को भी
ढ़लते हुए देखा है।
बहती नदियों को भी
सूखते हुए देखा है।
चमकते तारों को भी
बुझते हुए देखा।
पूर्णिमा के चाँद को भी
अमावस्या को छुपते हुए देखा।
सिकंदर को भी
मिट्टी में मिलते हुए देखा।
अपना क्या है?
माया प्रभु की।
काया प्रभु की।
सब कुछ दिया हुआ
प्रभु का है।
दिया हुआ है
हमेशा लिया जाता है
फिर, हे! मानव।
घमंड किस बात का।